AF410906

RECHERCHES

SUR LES

MOYENS DE PERFECTIONNER

LES PRODUCTIONS

DE L'ARCHITECTURE CIVILE

PAR

C. S. THIERRY

ANCIEN ARCHITECTE

PARIS

DE L'IMPRIMERIE DE CRAPELET

RUE DE VAUGIRARD, 9

1851

RECHERCHES

SUR LES

MOYENS DE PERFECTIONNER

LES PRODUCTIONS

DE L'ARCHITECTURE CIVILE

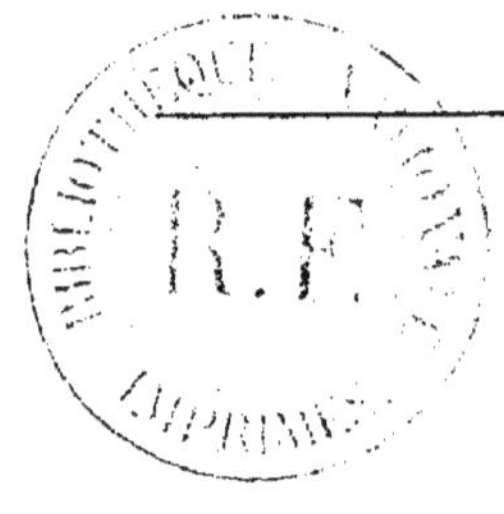

AVERTISSEMENT.

Le désir de pouvoir être utile ayant déterminé l'auteur à rechercher comment on pourrait arriver à la perfection de l'architecture civile, il va exposer et soumettre les remarques que des observations nombreuses et suivies pendant une longue suite d'années sur les constructions particulières, sur les édifices, sur les monuments de la France, de l'Italie , et de la Sicile, de l'Angleterre et autres lieux, lui ont permis de faire et de recueillir, par rapport aux qualités qui constituent la perfection de cet art, et par rapport aux moyens de les obtenir.

CONNAISSANCE QU'IL FAUT AVOIR POUR ARRIVER A LA PERFECTION DE L'ARCHITECTURE CIVILE.

La perfection de l'architecture civile, qui consiste à donner aux productions de cet art la beauté, et à remplir les besoins pour lesquels elles sont élevées; la perfection de l'architecture civile qui mérite d'être recherchée, parce qu'elle peut donner à la société des habitations les plus solides, les plus utiles et les plus agréables; parce qu'elle seule peut rendre les constructions et les édifices destinés au travail, à l'instruction, au commerce, à l'administration et autres besoins de la société, capables de remplir le but pour lequel elles sont établies, et imprimer aux monuments qu'elle érige à son culte, à sa gloire et à sa reconnaissance, la dignité, la majesté et la grandeur qui commandent le respect et l'admiration, qui élève l'âme, inspire aux spectateurs de nobles sentiments, excite et encourage l'esprit public, qui est le plus ferme appui de tous les États.

La perfection de l'architecture civile ne pouvant s'obtenir sans connaître en quoi consiste celle de l'architecture civile :

Quelles sont les matières qui servent à la construire ?

Quelle est la manière de les employer ?

Quel est le sol sur lequel il faut les établir ?

Quel est le module d'après lequel ils doivent être construits ?

Comment doivent être disposées les parties qui composent une production ?

Comment on peut donner à cette production l'utilité ?

Comment la solidité ?

Comment la beauté ?

Comment l'expression ?

Comment le caractère ?

Comment une production d'architecture peut inspirer l'étonnement, le respect et l'admiration ?

Comment les productions peuvent servir à augmenter la morale et la vertu ?

Ces connaissances étant indispensables, et devant précéder toutes celles qui sont nécessaires pour pouvoir parvenir à la perfection de l'architecture civile, l'auteur va montrer comment on peut les obtenir, et commencer par celle : En quoi consiste la perfection de l'architecture civile ?

CONNAISSANCE A OBTENIR. —— EN QUOI CONSISTE
LA PERFECTION DE L'ARCHITECTURE CIVILE.

La connaissance en quoi consiste la perfection de l'architecture civile peut s'obtenir en
faisant attention que les productions de cet art
n'étant jamais établies que pour être utiles et
remplir les besoins pour lesquels elles sont
élevées, l'utilité devient la première des qualités que doit présenter la perfection. Mais
comme cette utilité ne peut exister, si elle
n'est pas établie d'une manière solide, la solidité devient forcément la seconde qualité que
doit avoir la perfection de l'architecture civile; et sous un autre rapport la perfection de
cet art ne pouvant avoir lieu sans que la beauté,
l'expression, le caractère de ces productions
soient réunis à l'utilité et à la solidité qui
sont les deux premières qualités déjà recon-
nues, et sans même que ces productions
puissent servir la morale et la vertu, si la cir-
constance le demande, il en résulte nécessairement que la perfection de l'architecture civile consiste à porter au plus haut degré l'utilité, la solidité, la beauté, l'expression, le

caractère des productions de cet art, et à les rendre capables de servir à augmenter là morale et la vertu suivant les circonstances. Cette première connaissance étant obtenue, l'auteur va rechercher dans les chapitres suivants celles qui tiennent aux divers matériaux qui servent à la construction de l'architecture civile, ainsi que celles qui sont relatives à la manière de les employer et au sol sur lequel elles doivent être établies.

CONNAISSANCES A OBTENIR. — QUELLES SONT LES MATIÈRES QUI SERVENT A LA CONSTRUCTION? QUELLE EST LA MANIÈRE DE LES EMPLOYER? QUEL EST LE SOL SUR LEQUEL IL CONVIENT DE LES ÉTABLIR?

Les différentes espèces et qualités de matériaux qui servent à la construction de l'architecture civile, tels que les pierres, les marbres, les granits, les porphires, les briques, la chaux, le sable, les bois de charpente et ceux de menuiserie, les fers, le plomb, le zinc, le cuivre, la tuile, l'ardoise, le pavé, le carreau, le verre, et autres matières qui servent à construire les différents édifices, les monuments et habitations particulières, se trouvant déjà exposés et décrits avec clarté et intelligence dans un grand nombre d'ouvrages qui ont été faits et publiés par des hommes célèbres et recommandables, et ces mêmes matières venant d'être examinées et augmentées par feu Rondelet, ci-devant architecte du Panthéon français, dans le savant ouvrage que cet auteur a publié sur l'art de bâtir, ouvrage que l'on peut facilement se procurer et consulter, ainsi que ceux des hommes recommandables dont on a parlé ci-dessus, l'auteur de cet écrit se dispensera de répéter ici ce qu'ils ont déjà publié à cet égard, et s'imposera le même respect et la même retenue sur ce qu'ils ont dit par rapport à la manière de les employer, ainsi que par rapport au sol sur lequel il convient de les établir, et même sur le moyen de l'obtenir lorsqu'il n'existe pas ; parce que les ouvrages dont on vient de parler ne laissent rien à désirer sur ces divers objets ; l'auteur va rechercher, dans le chapitre suivant, comment on peut obtenir le module particulier que l'on doit employer dans chacune des productions de l'architecture civile.

CONNAISSANCE A OBTENIR. —— QUEL EST LE MODULE D'APRÈS LEQUEL DOIT ÊTRE CONSTRUITE UNE PRODUCTION D'ARCHITECTURE CIVILE.

La connaissance du module qu'il faut employer pour construire une production d'architecture civile peut s'obtenir en déterminant d'abord l'impression que l'on désire produire par la production que l'on veut élever, et dont l'effet doit être en harmonie avec celui du module qui est préféré, parce que ce module étant, après la lumière, le plus puissant des moyens par lesquels les productions de l'architecture civile agissent sur le spectateur, peut, par le degré sur lequel il est lui-même établi, rendre plus ou moins imposantes les productions de cet art, ainsi qu'on peut s'en convaincre par la différence des impressions que font éprouver les monuments égyptiens qui sont construits à Thèbes, à Edfou et à Denderah, et celles des sensations qui sont produites par les temples grecs de Ségeste, de Junon Lucine et de la Concorde, qui existent encore en Sicile; différence d'impression qui est occasionnée par celle du module d'après lequel ces monuments et ces temples sont exécutés, et qu'on remarque également, par rapport aux deux monuments religieux degli frati Joanni e Paolo, construits à Venise, d'après le même plan, et sur des proportions semblables, et qui cependant font éprouver une impression différente, par rapport au module d'après lequel elles sont élevées.

La connaissance du module qu'il faut employer étant obtenue, comment peut-on arriver à celle de la disposition des parties qui sont élevées pour remplir les besoins pour lesquels les productions de l'architecture civile sont établies?

CONNAISSANCE A OBTENIR. —— COMMENT DOIVENT ÊTRE DISPOSÉES LES PARTIES QUI COMPOSENT UNE PRODUCTION D'ARCHITECTURE CIVILE.

Pour obtenir comment doivent être disposées les parties qui composent une production d'architecture, il est nécessaire que ces mêmes parties, soient, non-seulement placées suivant l'importance des besoins qu'elles doivent satisfaire, mais encore que pour arriver à la perfection qu'elles doivent présenter, les parties qui les composent soient en rapport les unes avec les autres, et que les emplacements, qui sont affectés pour recevoir les différents services, pour lesquelles elles sont élevées, possèdent toutes les dimensions qui leur sont nécessaires, afin de remplir ces mêmes besoins, ainsi que l'exposition qui leur convient et la lumière qui leur est indispensable, par rapport au genre de travail auquel elles sont destinées. Quant à la manière de connaître la disposition que doivent avoir les parties qui composent une production d'architecture civile, cette manière consiste à interroger la production que l'on doit élever; sur les besoins qu'elle doit satisfaire, et à ordonner le plan d'après lequel elle doit être construite, suivant l'importance et l'ordre de ces mêmes besoins; puisque sans la connaissance de cette disposition qu'il faut employer, il est impossible d'arriver à la perfection de l'architecture civile. Mais comment peut-on obtenir l'utilité d'une production d'architecture civile? L'auteur va l'exposer dans le chapitre suivant.

CONNAISSANCE A OBTENIR. — COMMENT ON PEUT DONNER L'UTILITÉ AUX PRODUCTIONS DE L'ARCHITECTURE CIVILE.

Toutes les connaissances que nous pouvons avoir, étant des acquisitions successives, puisque nous naissons sans aucune idée, 1º il faut nécessairement, pour obtenir celles qui sont relatives à l'utilité des productions de l'architecture, que nous consultions les différentes personnes, qui par leur position, leur état, et leurs fonctions, doivent connaître, et connaissent en quoi consiste cette utilité; quelles sont les parties dont elle se compose, comment on peut l'obtenir et comment il faut l'employer;

2º Il faut également se procurer les ouvrages qui traitent de cette qualité, et les consulter.

3º Il faut enfin visiter les établissements qui sont semblables à celui que l'on veut élever, les examiner avec soin, pendant qu'ils sont en mouvement, observer comment ils fonctionnent, comment sont organisés leurs différents services; et faire enfin sur eux l'application des remarques et des renseignements que l'on a pu se procurer ;

4° Après avoir obtenu ces connaissances qui sont indispensables pour atteindre la perfection de cet art, il faut combiner le plan d'après lequel cette production doit être construite, de telle sorte que les différents services qu'elle doit remplir, soient disposés de la manière la plus avantageuse, et par rapport à ces mêmes besoins, et aux emplacements qui doivent les recevoir, et par rapport à l'exposition et au jour qui leur sont nécessaires.

Comment peut-on donner aux productions de l'architecture la solidité?

CONNAISSANCE A OBTENIR. — COMMENT ON PEUT DONNER LA SOLIDITÉ AUX PRODUCTIONS DE L'ARCHITECTURE CIVILE.

Pour obtenir la solidité qui dépend principalement de la stabilité des corps, et dont le type nous est donné par la nature, dans le rapport qui existe entre la largeur du corps d'un homme bien fait et sa hauteur, type, qui semble avoir conduit les Égyptiens et les anciens Grecs, dans les rapports qu'ils ont donnés à leurs monuments, ainsi qu'aux corps en élévation et aux colonnes qui décorent leurs édifices ; corps et colonnes qu'ils ont établis généralement sur les rapports de trois, quatre, cinq, six et sept diamètres en hauteur ; l'observation leur ayant fait remarquer que les corps qui sont en élévation, et les colonnes qui sont combinées sur les rapports de huit, neuf, et de dix diamètres en hauteur, font naître l'inquiétude et inspirent la crainte. Enfin la solidité, qui est si indispensable pour les productions de l'architecture civile, que sans elle, ces productions n'existeraient pas, peut s'obtenir de la manière suivante :

1º En choisissant pour asseoir les productions de l'architecture civile un terrain homogène, et qui présente une solidité égale dans toutes les parties qui le composent, et en faisant pour établir ce terrain, lorsqu'il n'existe pas, l'application des moyens qui sont décrits dans les ouvrages des hommes célèbres, qui ont traité de cette matière ;

2º En donnant aux parties qui sont en fondations une épaisseur et des dimensions en raison du poids qu'elles auront à porter ;

3º En choisissant pour les construire, les meilleures qualités de matériaux, de sable, de chaux, et généralement de tout ce qui est nécessaire pour bâtir, et combinant l'emploi de ces matières de telle sorte, qu'elles puissent se prêter un appui réciproque ;

4º En construisant les parties qui composent la production que l'on veut élever, suivant les règles et les principes qui sont reconnus les meilleurs, et qui sont développés dans plusieurs des œuvres que l'on doit consulter, principes qui viennent d'être augmentés et détaillés avec la plus grande clarté et la plus grande intelligence dans le savant ouvrage que Rondelet a publié sur l'art de bâtir ;

5° Enfin en établissant cette solidité sur le rapport qui doit toujours exister entre la base d'un édifice et sa hauteur ; car la solidité que l'on peut regarder comme la première des lois qui doit régir une construction, ne peut supporter aucune atteinte, et celle que l'on remarque dans la partie de l'entablement qui porte à faux et sur le vide des colonnes, qui forment péristyle dans les temples grecs les plus célèbres, enlèvera toujours à cette architecture ce grand caractère de stabilité que présente l'architecture orientale.

La solidité étant obtenue, comment peut-on parvenir à la beauté des productions de cet art?

CONNAISSANCE A OBTENIR. — COMMENT ON PEUT DONNER LA BEAUTÉ AUX PRODUCTIONS DE L'ARCHITECTURE CIVILE.

La beauté en architecture civile, que l'on ne peut désigner que par ce qui plaît à l'œil du spectateur, ne peut s'obtenir, pour les productions de cet art, que par la proportion que l'on donne aux parties qui les composent ; parce que la proportion seule leur donne une forme que l'œil peut saisir, qu'il peut comprendre sans fatigue, et que par la manière dont cette proportion est employée, elle peut faire atteindre, par rapport à la beauté, les différents degrés dont cette qualité est susceptible, car l'auteur peut observer à l'appui de cette puissance de la proportion, que les monuments les plus célèbres qui existent encore et qui excitent notre admiration, tels que ceux de Denderah, d'Edfou en Égypte, ceux du Parthénon, de Thésée, de Jupiter Olympien, de Pæstum et autres, sont établis sur le principe de la proportion, ainsi que les belles figures que nous possédons et qui représentent Apollon, Vénus, le Laocoon ; et rappeler que ce même principe a permis aux Grecs de montrer, dans la figure de leurs dieux et de leurs déesses, jusqu'au degré de la divinité qui appartient à chacune de ces figures, ainsi qu'on peut le reconnaître et s'en convaincre en examinant et comparant la différence des rapports qui sont établis pour les mêmes parties, dans les figures qui représentent Vénus, Diane et autres divinités, différence de rapports qui servent à les distinguer.

Cependant, quelle que soit la puissance de cette proportion par rapport à la beauté, l'auteur croit devoir observer qu'il existe néanmoins un terme où cette même proportion ne peut plus produire cette qualité ni la rendre sensible, et que ce terme est celui où l'œil, qui en est le juge, ne peut comprendre les rapports sur lesquels cette beauté est établie, celui où la fatigue commence pour l'œil, terme qui existe pour lui ainsi que pour les autres organes qui animent notre existence.

Ce qui constitue la beauté, et le terme où elle n'est plus appréciable, étant déterminé, comment peut-on donner l'expression à une production de l'architecture civile ?

CONNAISSANCE A OBTENIR. — COMMENT ON PEUT DONNER L'EXPRESSION AUX PRODUCTIONS DE L'ARCHITECTURE CIVILE.

L'expression dont sont susceptibles les productions de l'architecture civile, et qui consiste à montrer pourquoi elles sont établies, ne peut s'obtenir que par la forme que l'on donne aux productions que l'on veut élever, car la forme seule peut faire connaître le motif pour lequel elles sont établies ; aussi remarquons-nous que les anciens ont toujours employé la forme pour distinguer et faire connaître leurs théâtres, leurs amphithéâtres, leurs cirques et autres monuments ; et qu'ils ont cru devoir l'employer à l'exemple de la nature qui, par rapport aux plantes, aux végétaux, aux animaux, aux minéraux et en général à toutes les productions qu'elle met sous nos yeux, se sert de la forme pour les distinguer, et qu'enfin ce moyen est encore parmi nous, celui par lequel les différentes affections de notre âme, telles que la crainte, la joie, la tristesse, la colère, l'ambition et l'amitié, s'expriment et se distinguent les unes

des autres. Ainsi donc, appuyé sur ces exemples, l'auteur se croit autorisé à regarder la
forme que l'on peut donner aux productions
de l'architecture civile, comme le moyen le
plus capable de leur donner l'expression
qu'elles doivent avoir, et dont elles ont besoin
pour arriver à la perfection.

La manière d'arriver à l'expression étant
obtenue, comment peut-on parvenir au caractère?

CONNAISSANCE A OBTENIR. —— COMMENT ON PEUT DONNER LE CARACTÈRE AUX PRODUCTIONS DE L'ARCHITECTURE CIVILE.

Le caractère qui, dans les productions de l'architecture civile ne peut exister sans annoncer la force, la puissance, peut s'obtenir par la valeur et par le prononcé que l'on donne aux parties qui doivent remplir les besoins pour lesquels les productions de cet art sont établies ; parce que cette valeur et ce prononcé font, sur le spectateur, par rapport aux productions de l'architecture civile, le même effet que la lumière produit sur un site et sur un paysage qui, le matin, lorsqu'ils sont éclairés par un jour faible, ne font éprouver qu'une impression sans force, tandis qu'au milieu du jour, lorsqu'ils sont pénétrés par une lumière ardente qui en fait ressortir tous les détails, tous les accidents et toutes les oppositions que ce site, ce paysage renferment, produisent une sensation puissante sur le spectateur ; ainsi qu'on peut le remarquer dans la nature et même l'observer sur la figure qui représente Hercule, dont le caractère est exprimé par la valeur et le prononcé des parties qui servent à l'action, et dont on peut encore se convaincre par les impressions que font ressentir la figure des Lutteurs, celle du Gladiateur et plusieurs autres que l'on pourrait citer, et qui montrent toutes que la force et la souplesse dans les figures sont toujours caractérisées par la valeur et le prononcé des parties qui servent à l'action qu'elles représentent, observations dont on peut faire l'application sur tous ceux qui se livrent à la marche, à la lutte, à la course et autres exercices qui demandent de la force, de la souplesse et de l'énergie, et qui autorisent l'auteur à exposer que la valeur et le prononcé des parties qui servent à l'action, sont les moyens les plus capables de donner aux productions de l'architecture civile le caractère qu'elles doivent avoir pour atteindre la perfection.

Le moyen de parvenir au caractère étant exposé, comment une production peut-elle inspirer l'étonnement, l'admiration et le respect?

CONNAISSANCE A OBTENIR. —— COMMENT LES PRO-
DUCTIONS DE L'ARCHITECTURE CIVILE PEUVENT-
ELLES INSPIRER L'ÉTONNEMENT, L'ADMIRATION
ET LE RESPECT.

Les productions de l'architecture civile
font éprouver l'étonnement, l'admiration et
le respect, lorsque l'action qu'elles exercent
sur tous les corps qui les environnent est
plus puissante que celle que le spectateur a
reçue de la nature, et surtout lorsqu'elles sont
établies sur une grande échelle, car la grandeur
est indispensable pour inspirer l'étonnement,
l'admiration et le respect. Et le module d'après
lequel une production est construite, peut seul
lui donner cet avantage, et produire ces impressions par la différence du rapport qu'il
établit relativement à la production, et celui
que la nature donne au spectateur.

Les monuments de la Thébaïde, qui sont
construits à Memnonium, à Médinet-Abou,
Osymandras, Karnak, Luxor, sont établis sur
une grande échelle et tous font éprouver l'é-
tonnement, l'admiration et le respect, viennent
à l'appui de cette opinion qui est encore con-

firmée par l'impression profonde qu'ont éprou-
vée MM. Jollois, Devilliers, Dubois de Crancé
membres de la commission des arts en Égypte ;
ainsi que tous ceux qui ont pu voir le temple
de Denderah qui est construit d'après une
échelle semblable, et qui produit les mêmes
impressions sur tous les spectateurs.

La connaissance par laquelle une production d'architecture civile peut inspirer l'étonnement, l'admiration, le respect étant obtenue,
il convient d'exposer comment les productions
de cet art peuvent servir à augmenter la morale et la vertu.

CONNAISSANCE A OBTENIR. — COMMENT LES PRO-
DUCTIONS DE L'ARCHITECTURE PEUVENT-ELLES
SERVIR A AUGMENTER LA MORALE ET LA VERTU.

Les productions de l'architecture civile peuvent servir à augmenter la morale et la vertu lorsqu'elles exposent à l'admiration, au respect et à la reconnaissance des hommes réunis en société, les grandes et belles actions et les faits mémorables des citoyens qui se sont sacrifiés pour la gloire et l'honneur de leur patrie, qui l'ont enrichie par leurs belles découvertes et par des travaux utiles.

Les productions de l'architecture civile servent à augmenter la morale et la vertu, lorsque dans des monuments élevés par la reconnaissance publique, elles consacrent à la postérité la plus reculée les belles actions, les découvertes utiles et le nom des âmes généreuses qui les ont produites, celui de leurs pères et le lieu de leur naissance ; et que par cette consécration elles excitent dans l'âme ardente des jeunes citoyens ces beaux sentiments et ce dévouement sublime, qui tant de fois chez les anciens ont sauvé la patrie, sentiments et dévouement que les peuples les plus célèbres se sont toujours empressés de reconnaître, d'honorer et de publier par un grand nombre de monuments religieux, funéraires et héroïques, qu'ils ont eu soin de placer dans les lieux les plus fréquentés et les plus apparents; sur les routes, sur les chemins, au sénat, et dans tous les endroits destinés aux rassemblements et aux exercices de la jeunesse, afin d'exciter dans leur âme le désir d'imiter ces belles actions, et de s'immortaliser pour l'honneur et la gloire de la patrie.

Mais cette connaissance par laquelle une production peut augmenter la morale et la vertu, étant réunie à celles qui sont précédemment désignées, ne pouvant suffire pour arriver à la perfection, l'auteur, pour y parvenir, va rechercher dans les productions suivantes, dans les causes pour lesquelles elles sont élevées, et ainsi que dans les moyens par lesquels elles s'expriment, agissent sur le spectateur et enfin dans celui de ces moyens qui l'emporte sur les autres, comment on peut obtenir cette perfection.

CAUSES POUR LESQUELLES LES PRODUCTIONS D'AR-
CHITECTURE SONT ÉLEVÉES.

Les productions d'architecture civile n'étant élevées que pour remplir des besoins qu'elles doivent satisfaire, afin d'arriver à la perfection de cet art, ne peuvent jamais y parvenir, sans connaître quels sont les besoins que ces productions renferment, et comme elles ne peuvent les satisfaire que par la disposition suivant laquelle elles placent les parties qui les composent, et que cette disposition doit être établie·en raison de l'importance et de l'ordre des besoins qu'elles doivent remplir ; la connaissance de la disposition qui est relative à chacune des productions de l'architecture civile devient indispensable à connaître ; mais à cette première connaissance se joint immédiatement celle qui doit nous apprendre les moyens par lesquels les productions de cet art peuvent s'exprimer, se rendre sensibles, et agir sur le spectateur ; ainsi donc il devient encore nécessaire, pour donner à une production les qualités qu'elle doit avoir, afin de parvenir à la perfection dont elle est susceptible, de rechercher et de connaître la cause pour laquelle cette production est élevée, ainsi que les moyens par lesquels elle peut s'exprimer et agir sur celui qui l'observe.

Mais les moyens qui permettent aux productions de s'exprimer et d'agir sur le spectateur, étant nécessairement les mêmes que ceux qui servent à représenter les besoins pour lesquels sont élevées ces productions et qu'elles doivent satisfaire, il devient urgent de les connaître pour pouvoir les employer à la recherche de la perfection, et l'auteur va s'empresser d'exposer ces moyens dans le chapitre suivant.

MOYENS PAR LESQUELS LES PRODUCTIONS DE L'AR-
CHITECTURE CIVILE S'EXPRIMENT ET AGISSENT
SUR LE SPECTATEUR.

Les moyens par lesquels les productions de
l'architecture civile agissent sur le spectateur
et expriment les qualités qu'elles peuvent ac-
quérir, sont au nombre de cinq et se composent
de la dimension, de la forme, de la couleur,
du module d'après lequel ces productions sont
construites, et de la lumière qu'elles nous ré-
fléchissent. Par ces moyens, en effet, les productions de cet art peuvent représenter les
palais, les hôpitaux, les prisons, et généralement tous les édifices qui dépendent de l'architecture civile ; car, par la dimension, elles
nous font connaître l'étendue de l'édifice, et,
par la forme particulière qui les désignent, le
but pour lequel elles sont élevées ; par la couleur, l'impression qu'elles exercent sur le spectateur ; par le module, la puissance de cet
édifice, et, par la lumière, l'effet qu'il produit
sur ceux qui les observent. Mais comme ces
moyens ne possèdent pas tous la même puissance et n'agissent pas sur le spectateur avec

la même force, et que d'ailleurs nous sommes obligés de les employer pour arriver à la perfection de cet art , il devient nécessaire et même indispensable de les comparer ensemble, afin de connaître ceux d'entre eux qui l'emportent sur les autres, et de pouvoir les employer lorsque les circonstances le demandent, pour parvenir à cette perfection. Ainsi donc, l'auteur va s'occuper, dans le chapitre suivant, de la comparaison de ces moyens, afin d'éclairer la marche qu'il faut suivre et qui conduit à cette perfection que l'on doit obtenir et dont on ignore les moyens.

PUISSANCE COMPARÉE DES MOYENS PAR LESQUELS
AGISSENT LES PRODUCTIONS DE L'ARCHITECTURE
ET QUI MONTRE LA SUPÉRIORITÉ DE LA LUMIÈRE.

Pour connaître la puissance des moyens par lesquels les productions de l'architecture s'expriment et agissent, ainsi que la force de celui de ces moyens qui l'emporte sur les autres, l'auteur croit devoir consulter les impressions que ces moyens font éprouver au spectateur, car les impressions étant les causes de toutes les connaissances que nous pouvons avoir et la base des jugements que nous portons, peuvent seules nous apprendre quelle est la différence de la puissance qui existe entre ces moyens; en conséquence, l'auteur va commencer par rechercher celle qui appartient à la dimension, qui est un des moyens par lesquels s'expriment les productions de cet art.

La dimension d'une production fait impression sur le spectateur en raison de la puissance qu'elle possède et de son importance, déduction faite de celle qui appartient au spectateur, car l'intérêt de notre conservation nous oblige à les comparer et à cette déduction. La dimension agit encore en raison de son importance.

La forme fait impression sur le spectateur en raison de l'expression qu'elle fait paraître.

La couleur d'une production agit sur le spectateur en raison de la qualité de la teinte qu'elle montre, et de son prononcé.

Le module d'après lequel est construite une production fait impression sur le spectateur en raison de la solidité qu'il annonce.

La lumière enfin agit sur les spectateurs en raison des impressions que font éprouver les corps.

Mais puisque la lumière agit seulement en raison des impressions que font éprouver les corps, et que les impressions seules nous font connaître ces corps, il en résulte que la lumière seule qui fait éprouver des sensations possède une plus grande puissance que les autres moyens, et qu'elle peut davantage pour la perfection de l'architecture civile.

Examinons quels en sont les effets.

EFFETS QUI RÉSULTENT DE LA SUPÉRIORITÉ DE LA LUMIÈRE.

La lumière qui, par sa supériorité, fait seule éprouver des impressions, tandis que les autres moyens qui agissent sur le spectateur ne peuvent le faire que par le secours de la lumière, qui seule les met en mouvement; la lumière qui nous conduit toujours et qui seule nous dirige dans tous les essais que nous tentons pour arriver à la perfection de l'architecture civile; qui nous fait connaître les qualités qui la constituent, les rend sensibles, et même les fait disparaître par un simple changement dans la position, puisqu'on ne peut rien obtenir et que rien n'est visible que par elle; cette même lumière exerce aussi une grande influence sur la perfection de cet art, lorsqu'elle est plus abondante que l'ombre, et que par la position qu'elle occupe, ou par le point d'où elle se répand, elle augmente le caractère et l'expression des productions de l'architecture, lorsque par la manière dont elle est disposée, cette lumière contribue à remplir les besoins pour lesquels sont élevées ces productions, et enfin lorsque, par son emploi avec l'ombre, elle contribue à l'harmonie des effets que présente un édifice.

On peut même observer que l'influence que la lumière exerce sur tous les corps de la nature, s'étend aussi sur la perfection de la peinture et sur celle de la sculpture, car tout le monde peut facilement reconnaître que dans la peinture le tableau qui attire le plus les regards et qui finit par les fixer, est celui dont la lumière fait mieux comprendre le sujet, et que dans la sculpture, la figure qui plaît davantage, est celle dont le mouvement est accusé par la lumière, et dans laquelle le passage des plans est le plus savamment exécuté par rapport à cette même lumière.

L'auteur va exposer des exemples de cette influence dans les chapitres suivants.

INFLUENCE QUE LA LUMIÈRE EXERCE SUR LA PERFECTION LORSQU'ELLE EST PLUS ABONDANTE QUE L'OMBRE.

La lumière qui est plus abondante que l'ombre sur un édifice contribue à la perfection de l'architecture civile, lorsque cette lumière est établie en proportion, parce qu'elle attire les regards du spectateur par son abondance, qu'elle les attache par l'harmonie qu'elle répand, qu'elle fait mieux connaître l'ensemble et les détails de cet édifice, et enfin fait éprouver une sensation agréable.

Dans les célèbres monuments d'Edfou et de Denderah en Égypte, ainsi que dans celui de Jupiter Olympien en Élide, celui du Parthénon à Athènes, de Pæstum dans le royaume de Naples, dans les palais de Strozzi, de Riccardi, de Spinelli, de Pitti à Florence, et plusieurs autres que l'on pourrait citer, enfin, dans la figure de l'homme, qui, pour nous, est le plus bel ouvrage de la nature, la lumière est plus abondante que l'ombre.

Les exemples que l'on vient de rapporter ne pouvant laisser aucun doute sur la puissance que la lumière exerce sur la perfection de l'architecture civile, lorsque dans un édifice la lumière est plus abondante que l'ombre, l'auteur va exposer, dans le chapitre suivant, l'influence que la lumière montre, par le point qu'elle occupe, par la position ou le point d'où elle se répand.

INFLUENCE DE LA LUMIÈRE SUR LA PERFECTION DE L'ARCHITECTURE PAR LA POSITION QU'ELLE OCCUPE OU LE POINT D'OU ELLE SE RÉPAND.

La position de la lumière ou le point d'où elle se répand sur un édifice quelconque, influe toujours et contribue à la perfection qu'il peut avoir, parce que cette position ou le point d'où elle se répand agissent sur les qualités que possède l'édifice, et leur donne plus ou moins d'expression et de caractère, ainsi qu'on peut s'en convaincre, en réfléchissant sur les impressions que font éprouver les différentes constructions qui sont élevées dans les rues qui ont peu de largeur, et qui ne sont éclairées que par une lumière qui se répand d'un point très-élevé, et qu'on peut le reconnaître par le sentiment particulier que fait éprouver la lumière qui descend du sommet d'une voûte, comme au Panthéon à Rome, et qu'enfin on peut s'en assurer par l'effet sévère qui est produit par les colonnes chargées de sculptures qui forment le portique intérieur de la cour de l'ancien palais de la république à Florence, tandis que la richesse des ornements

dont ces colonnes sont recouvertes ne de-
vrait inspirer que le luxe, la richesse et la
magnificence.

L'influence que la lumière exerce sur la
perfection par sa position ou le point d'où
elle se répand étant exposée, l'auteur va montrer, dans les chapitres suivants, la puissance
qu'elle exerce sur cette même perfection par
la manière dont elle est disposée.

INFLUENCE DE LA LUMIÈRE SUR LA PERFECTION PAR LA MANIÈRE DONT ELLE EST DISPOSÉE.

La manière dont est disposée la lumière par rapport aux productions de l'architecture civile influe et contribue toujours à la perfection de cet art, lorsque cette lumière est établie en proportion, et qu'elle conserve dans ses effets toute la valeur qu'elle doit avoir, et qui lui est assignée par le plan d'après lequel ces productions sont construites, lorsque l'ombre qui est produite par les parties qui sont en saillie, par les corniches et les avant-corps, n'infirme pas la puissance qu'elle doit présenter dans ses accords et dans son harmonie; et que cette lumière, placée dans plusieurs lieux opposés et à des hauteurs différentes, ne vient pas frapper le spectateur de plusieurs côtés à la fois, et le forcer de s'éloigner par la fatigue qu'elle lui fait éprouver.

La lumière influe et contribue à la perfection de l'architecture civile, lorsque toutes les parties qui composent une production concourent à produire un seul et même effet, et surtout lorsqu'elles ne se distinguent que par l'impression de cette même lumière, ainsi qu'on peut le remarquer dans plusieurs monuments qui existent encore, et principalement dans l'édifice religieux de Sainte-Justine à Padoue, État vénitien, et dans lequel la lumière est disposée avec tant de sagesse, qu'elle vous inspire le respect et vous force à parcourir cet édifice.

L'auteur ayant exposé des exemples de l'influence que la lumière exerce sur la perfection de cet art par la disposition qu'elle reçoit, va montrer, dans le chapitre suivant, la puissance avec laquelle elle agit lorsqu'elle est employée avec l'ombre dans un même édifice.

INFLUENCE QUE LA LUMIÈRE ET L'OMBRE EXERCENT
SUR LA PERFECTION LORSQU'ELLES SONT EM-
PLOYÉES DANS LE MÊME ÉDIFICE.

La lumière et l'ombre, employées dans le même édifice, contribuent à la perfection qu'il peut avoir, lorsque ces deux moyens sont établis en rapports, et que la lumière l'emporte sur l'ombre ; puisque dans cet état ils peuvent en effet rendre les productions de l'architecture capables de recevoir tous les degrés possibles de la beauté, car il faut observer que la lumière ne peut les obtenir lorsqu'elle est employée seule ; puisque l'on peut remarquer que le plus beau buste du monde perd toute sa beauté, lorsque la lumière se répand également dans toutes les parties qui le composent, et se ressouvenir que les anciens n'ont jamais présenté cette qualité isolément, mais qu'ils ont eu même l'attention, pour accompagner la lumière qui se répand même sur les obélisques qu'ils ont élevés, d'adoucir cette même lumière par de légères demi-teintes qu'ils ont établies de chaque côté des angles, à l'effet d'harmoniser le passage de ces obélisques dans l'air qui les environne. Et l'on peut encore considérer, par rapport à l'effet que produit un édifice dans lequel la lumière et l'ombre sont employées, que la puissance de l'ombre est plus grande que celle de la lumière, et que l'ombre fait toujours sur le spectateur une impression plus forte que celle de cette même lumière. Ainsi que tout le monde peut s'en convaincre, en faisant attention et réfléchissant sur la sensation sévère que l'on éprouve, lorsque les colonnes d'un portique ou d'un péristyle sont plus espacées que la grosseur de leur diamètre, et même sur celles que font ressentir de simples constructions dans lesquelles sont établies des portes et des croisées, et en remarquant que l'ombre qui est produite par le vide de ces baies agit plus fortement sur le spectateur que la lumière qui est réfléchie par les trumeaux et les pieds-droits qui les séparent, effet remarquable qui nous apprend et nous explique pourquoi, dans les plus célèbres monuments de l'antiquité, la lumière l'emporte toujours sur l'ombre.

L'influence que la lumière exerce sur la perfection de l'architecture par son emploi avec l'ombre dans un même édifice étant démontrée, l'auteur va exposer quel doit être le juge de la perfection de cet art.

QUEL EST LE JUGE DE LA PERFECTION DE L'ARCHI-TECTURE CIVILE.

L'organe dont la puissance doit toujours être consultée, et surtout quand on cherche à parvenir à la perfection de l'architecture civile, l'œil qui reçoit toutes les impressions de cet art et qui connaît ce qui lui convient davantage, est nécessairement le juge du mérite que peuvent avoir ces productions, parce que la sensibilité qu'il a reçue de la nature, ainsi que les autres organes qui animent notre existence en lui faisant connaître ce qui lui est avantageux et ce qui lui est nuisible, nous apprend et même nous explique pourquoi l'œil ne s'arrête jamais que sur les objets qu'il voit sans peine et qu'il comprend sans fatigue, car la fatigue est une peine.

Appuyé sur cette observation, l'auteur se permet d'exposer que les qualités qui constituent la perfection de l'architecture civile, ne nous étant connues que par les impressions que ces productions nous font éprouver, l'œil qui reçoit ces impressions, par lesquelles elles agissent sur le spectateur, en devient le juge naturel , et comme il ne peut y procéder sans le secours de la lumière qui seule met ces impressions en mouvement, cet effet devient une nouvelle preuve de l'influence que cette même lumière exerce sur la perfection de l'architecture civile.

Ainsi, après avoir montré quel est le juge de la perfection de l'architecture civile, et les causes sur lesquelles est fondé ce jugement, l'auteur va exposer dans le chapitre suivant comment on peut parvenir à la perfection de cet art.

CONCLUSION SUR LES MOYENS DE PERFECTIONNER LES PRODUCTIONS DE L'ARCHITECTURE CIVILE.

L'auteur ayant montré comment on peut obtenir les connaissances qu'il faut avoir pour s'occuper utilement de la recherche de la perfection de l'architecture civile ;

Après avoir exposé pourquoi les productions de cet art sont établies ;

Les moyens par lesquels ces productions s'expriment et agissent sur le spectateur ;

La comparaison de la puissance de chacun de ces moyens, et la supériorité de la lumière ;

Comment on peut donner à une production l'utilité, la solidité, la beauté, l'expression et le caractère ;

Comment une production peut faire éprouver l'étonnement, l'admiration, le respect ;

Comment une production peut servir à augmenter la morale et la vertu ;

L'influence que la lumière exerce sur la perfection de l'architecture ;

Quel est le juge de la perfection ;

Cet auteur appuyé par les faits insérés

dans les chapitres précédents et par les causes qui les produisent, se permet d'exposer que, non-seulement on ne peut jamais arriver à la perfection de l'architecture sans la lumière, mais encore qu'on ne peut parvenir à cette même perfection sans :

1° Se servir des moyens par lesquels les productions de cet art s'expriment et agissent ;

2° Sans rendre ces moyens agréables à la vue ;

3° Sans remplir les besoins pour lesquels ces productions sont élevées ;

4° Sans employer la lumière qui seule rend visibles les corps et peut les mettre en mouvement.

13 juin 1851.   C. S. THIERRY.

www.ingramcontent.com/pod-product-compliance
Lightning Source LLC
LaVergne TN
LVHW011358170726
843501LV00006B/1904